ポジティブ3.0

―― 新時代を生きるドレスコード ――

春木開
HARUKI KAI

はじめに

時代の変化とともによく目にするようになった「2・0」

書店にも「web 2.0」「お金2・0」「稼ぎ方2・0」「世界2・0」2・0が並び、「課長2・0」

はにゃ!?

なんと課長にまで2・0がついていた。

2・0とは「第二世代やバージョン2」を意味をするらしい。

インターネットが普及されだしたweb 1.0からSNSが広がったweb 2.0

お金も通貨から電子マネー仮想通貨へ。

稼ぎ方働き方もAIと共に変化しているのは皆も肌で感じているはずだ。

時代の変化とともにあらゆるものがアップデートされていく中、遂にweb 3.0という言葉を聞くようにまでなった。
ＡＩが一気に身近になり、ChatGPTやメタバースやＮＦＴなど、次々と日常に入ってきた。

カッコいいなと思った広告のキャッチコピーはchatGPTが構成していて、美しいモデルもＡＩモデルだった。
ＺＯＯＭ会議を最近覚えたと思ったら、メタバース空間内で会議がおこなわれたり、ルイヴィトンがＮＦＴを販売開始した。

時代の変化はとまらない。

「月いくら稼いでるの?」という会話は、「フォロワー何人いるの?」に変わったし、一生懸命練習してた格闘家をまくって昨日まで何者でもなかった者が、ブレイキングダウンに出場して人生変わったり、
〝地元ノリを全国へ届ける〟がコンセプトのYouTuberが有言実行し、地上波ＴＶに

出演すれば一世を風靡したYouTuberが暴露され炎上しオワコンと言われたり、何者かになる為にスシローでぺろぺろする魑魅魍魎だらけの目まぐるしい時代を我々は生きている。

進化やアップデートとは本来良い意味のはずなのに、ＳＮＳの進化と同時に炎上・暴露・晒す・迷惑系・ＳＮＳマフィアなどネガティブなコンテンツも増えてきて、〝好きなことで生きていく〟がスローガンだったはずのYouTuberもGoogleのアルゴリズムの呪縛に駆られ好きなことでなく再生回数にとらわれて生きている人も増えているはずだ。

本来人々の生活や働き方やコミニュケーションの不便をなくし快適にする為に進化したはずなのに進化するとともに不安になる人も増えているのが現実だ。

そんな悶々とした新時代を楽しく生き抜くために必要なのが〝ポジティブ〟だと思う。

人と比べない
他人の目を気にしない
人に嫌われることを恐れない
自分の人生を生きる

そんな〝ポジティブを纏う〟ことが新時代を楽しむ〝ドレスコード〟だ。

読者の方もご存知だと思うが、自分は炎上も暴露も誹謗中傷も失恋も全てこの身をもって体験してきた。ＳＮＳの闇も肌で感じてきた。今年の春には自分の全裸の写真さえＳＮＳで拡散されてデジタルタトゥーとして一生刻まれている。

それでも自分は笑っている。
楽しく生きている。
いつ死んでも悔いがないくらい最高の日々を最高の仲間たちと送れてる。

なぜか？

辛かった時
病みそうになった時
諦めそうになったとき
逃げ出しそうになった時
自分を救ったのは〝ポジティブ思考〟だった。
産まれた時からポジティブだったわけじゃない。
自分がポジティブ思考になってから人生を謳歌できるようになった。

そんな自分が身をもって感じた新時代にポジティブ思考も進化する必要がある意味を込めて〝ポジティブ3・0〟と題した。

日本人が「午前2時40－60代女性が調べているワードランキング」でyahooで1位が〝春木開〟という結果が出たということで取材も受けた。

ネガティブになりやすい深夜の時間帯にポジティブになりたかった方が多かったのであろう。

名実共にポジティブ日本一の自分だからこそ、この書籍で仕事ややりたいことや働き方で悩んでる方々へ勇気とＡＩに奪われることのない人間性を確立させる一助になれば幸いだ。

それではようこそ

〝ポジティブの世界へ〟

SAMTY

グリコ
PROMISE

Contents

目次

Positive 3.0
-The Dress Code for Living in the New Era-

地元を応援できない人は応援されない

自分の出生地を答えると驚かれることがある。
都会生まれのイメージがあるのか、大学から関西に上阪し10年ほど大阪にいた為染みついたエセ関西弁からなのかは不明だが、出生地は〝岡山県〟だ。

岡山県といえば岡山駅の前にそびえ立つ桃太郎の銅像が有名だがいつか自分の銅像が立つほど名を馳せたいものだ。

今の岡山は都市改革が進み、イオンができたりドンキホーテができたり、タワーマンションが建ってたりみるみる都心に発展してる。岡山出身の人気芸人千鳥さんの人気も博して岡山の知名度も向上していると思う。

岡山での思い出といえばおばあちゃん子だったゆえに田んぼと山に囲まれて育った幼少期。

白球を追いかけた中学生時代。
高校生になってからは漫画喫茶かボーリング。
夜に駅前で地元特有の〝巡回〟という駅前をぐるぐる回る謎の文化のしきたり。
なけなしのバイト代を握りしめて大人の階段を登ったラブホテル〝クリオネ〟くらいだ。

大阪道頓堀／渋谷スクランブル交差点に初めて足を運んだ時、同じ日本なのかと思うくらい人や店舗の多さに驚いたが、都会は良くも悪くも物や人で溢れてる分、替えが効く。その反面、田舎は物や人が少ない分、周りの人や物を大切にしようという精神が身についたと思う。

綺麗事なしにいってしまえば岡山に凄い思い出があるわけではないのだが、きっと何かの意味があって、自分が生まれた地元の町、そして自分を生んでくれた家族には恩返しをしていきたいと思っている。

地元と家族を大切にできない人や、

地元愛・家族愛

やっぱり愛を大切にできない人は美しくないと思う。

地元で講演会の依頼があれば率先して受けていて、岡山青年会議所からの依頼や56社の企業が参加した新聞社が主催する岡山の未来価値を討論する場にも岡山出身の実業家として声をかけていただいた。

これからも地元に対して自分ができる活動をどんどんしていき地元を盛り上げたいし、日本一ポジティブな地域にしていきたい。

最近は地震がこない県でも話題になっているし、新首都岡山構想の話題さえも出ている。

何より岡山の代名詞〝晴れの国岡山〟

大雨を晴れにする力を我々は知っている。

やまない雨がないように終わらない悲しみもないと教えてくれたのも岡山だったのかもしれない。

何の縁なのか撮影当日も大雨。
憂鬱になったって⁉

ポジティブ足りない！

虹が架かるチャンスやん‼
どんな状況も捉え方次第で景色は変わる。

虹が見たければ
雨に耐えろ

春の木を開くと書いて"春木開"
桜のように咲き誇る男です
＊本名です

祈るだけでは
今のまま

ELEVEn
冷凍食品フェア
GOLD

20年前の社長と奇跡の再会

ＳＮＳは基本的に表面の結果しか切り取られない。

キラキラした煌びやかな自分の派手なＳＮＳの世界観を通じて、

「どーせボンボンだろ」

とよく言われる。

前著書で詳しく記しているが現実は儚くも裕福ではなかった。


母は常に何かの内職を掛け持ちしていたから子ども心にもうちはお金がないことは察知できた。早くお金を稼げるようになりたい、早く自立したいと、常にどうやって稼ごうかと考えていた幼少時代だった。


高校入学後、皆がどの部活に入ろうかと意気揚々と会話している中、自分はお金を稼ぐためにどのバイトをしようかとタウンワークを読み漁っていた。

オープニングスタッフとしてアルバイトすることになったのがこのセブンイレブン

だった。時給６５０円で３年間働かせて頂き、バイトリーダーに昇格するも10円しか時給は上がらなかったが嬉しかった。自分でお金を稼げる環境になったのが何より嬉しかったのだ。

今の時代は中学生でもスマホやＰＣで情報を得て稼いでる方も多く本当に尊敬するし時代の変化を肌で感じる。

高校卒業後岡山を離れることになりバイトを辞めた。17年ぶりにこの地に訪れ、まだお店があることに驚いた。10年続く会社の存続率は６％20年で０・３９％と言われる中、同じ業態で約20年間経営を続けることって凄いことだと思う。

改めて当時のオーナーに敬意を抱き、本書の撮影当日お金を稼ぎたい気持ちを汲んで頂き高校生ながら融通きかせて沢山働かせてもらったお礼を再度伝えたいなと感慨深い気持ちに浸っていると記憶はおぼろげながらオーナーらしき人が店内に見えた。

思わず店内に入り声をかけた。

「すいません！このお店のオーナー様ですか？」「はい、そうです」

「オーナーお久しぶりです！春木開です！」

「だれぢゃ!?」

「約20年前自分が高校生の頃にこのお店のオープニングスタッフとしてアルバイトとして働かせて頂いた者です！バイトリーダーにも昇格させて頂き3年間働かせて頂きました！本当に当時はお世話になりました！ありがとうございました！」

「ごめん、全然わからんわ」と踵を返されました。

写真撮影さえも断られてしまい、ドラマのような感動の再会には全くなりませんでしたが、ポジティブに捉えると、オーナーにも認知してもらえるようにもっと頑張らないといけないってことだなと当時から厳しかった愛の鞭を再度うたれた気持ちになりました。


覚えられてないのも自分が悪い。記憶に残らないのも自分が悪い。

もっと活躍してオーナーに思い出してもらえるように、そしてこの書籍がいつかこのお店に陳列されるように頑張ります！

読者の皆様よければセブンイレブン岡山西市店自分の3年間の濃い思い出が詰まった店舗ですので機会がありましたらぜひ宜しくお願いします!!

オーナーありがとうございました！

いいことがあったから
笑顔になるのでなくて

笑顔でいれば
いいことがある

母校神戸大学経営学部で講演会開催

2022年2月自分はX（旧 Twitter）にこんなツイートをしていた。

【母校の岡山芳泉高校と神戸大学で講演会をするのが一つの夢です★想いよ届け】

自分はポジティブマインドセットやSNSマーケティングの観点においた講演会の依頼を、企業を始め青年会議所や中学校や不登校／引きこもりの自立支援施設などから毎月依頼を受けており、自分が通った母校に対して講演を聞いてポジティブになれたり頑張ろうと思ってくれる生徒を1人でも増やす恩返しをしたいという意味を込めてツイートした。

時を経て1年後、当時の大学のゼミの教授から連絡があり、神戸大学経営学部で講演をすることになったのだ。

声にも出さない願いや想いは叶わないという言葉があるように、言葉は〝言霊〟想いを発信することの大切さを再実感した瞬間だった。

講演会というよりは、神戸大学経営学部の〝顧客関係管理〞という講義の時間に、トップインフルエンサーとして前線で活躍されているご経験から、インフルエンサーという存在の価値、メーカーや消費者との関係、ＳＮＳマーケティングに基く自分のビジネスの実態についてのテーマの講義の依頼であった。

勿論即答で承諾させて頂き、講義のパワーポイントの資料作りに奮闘した。

講義は１限９時～10時半。原付で登校していた六甲山の山道を懐かしく思いながら通り、神戸大学六甲第一キャンパス本館に向かった。

その教室は自分が学生時代に講義を受けていた教室だった。15年前教室に座って講義を受けていた自分が時を経て、教壇に立ち生徒達に講義をしている未来なんて当時想像なんて全くしてなかった。

自分の講義を聞きたくて出席してくれた方、単位を取るためにとりあえず出席した方、いずれにせよ早い時間から眠たい目を擦りながら起きて自分に時間を費やしてくれてる100名以上の生徒を前に楽しい授業をしようと取り組んだ。

居眠りする生徒を先生が怒る光景をよく目の当たりにするが、ポジティブ足りない！

居眠りする生徒が悪いのではなく、居眠りするような面白くない授業をする先生が見つめ直すべきだとおもふ。

とにかく楽しみながら学べる授業を心がけた。

講義後生徒の方から本当に多くのＤＭを頂いた。

「神大の今までの授業で1番学びになりました！」

「一限なのに睡魔もぶっ飛ぶくらい楽しかったです。」

「大学で初めて90分集中して授業受けれました笑。講義の内容だけでなくポジティブな生き方なども学べてとても為になりました。」

などたくさんのお褒めの声もいただき、教授からも

「大学の風土上、起業などの挑戦に対して一歩踏み出す勇気のない方が多い分、生徒

達に勇気を持たせてくれる講演であった。この講義にとどまらずインフルエンサーマーケティングを活用しているメーカーなどと共同でシンポジウムなどが開催したい」というお声もいただいた。

何より自分は大学を中退している身にも関わらず、登壇の声をかけていただいた教授、本当にありがとうございました。一つ自分の夢を叶えることができました。

もう一つの夢である、母校岡山芳泉高校で今年は講演会の依頼お待ちしております。高校生時代校則違反なのにアルバイトをしたり髪の毛を染めたり風紀を乱しご迷惑をかけてしまった分ここで挽回させてください。

言葉は〝言霊〟!!
口に出すのは恥ずかしいことなんかじゃない！
皆もどんどんやりたいことは口に出していこう！
点と点が繋がってそれはいつか線になっていくから!!

経済学研究科
経済学部
ROKKODAI-HONKAN
六甲台本館
Graduate School of Economics
Faculty of Economics
Graduate School of Business Administration
School of Business Administration
経営学研究科
登録有形文化財

学歴ない人が
世の中学歴じゃないといったり
お金ない人が
世の中お金じゃないっていっても
説得力ないし

結果を出してから言及するのが俺流

ポジティブな言葉を浴びるだけで
運気は上がるし
逆にネガティブワードが口癖な人といると
運気は下がる

C

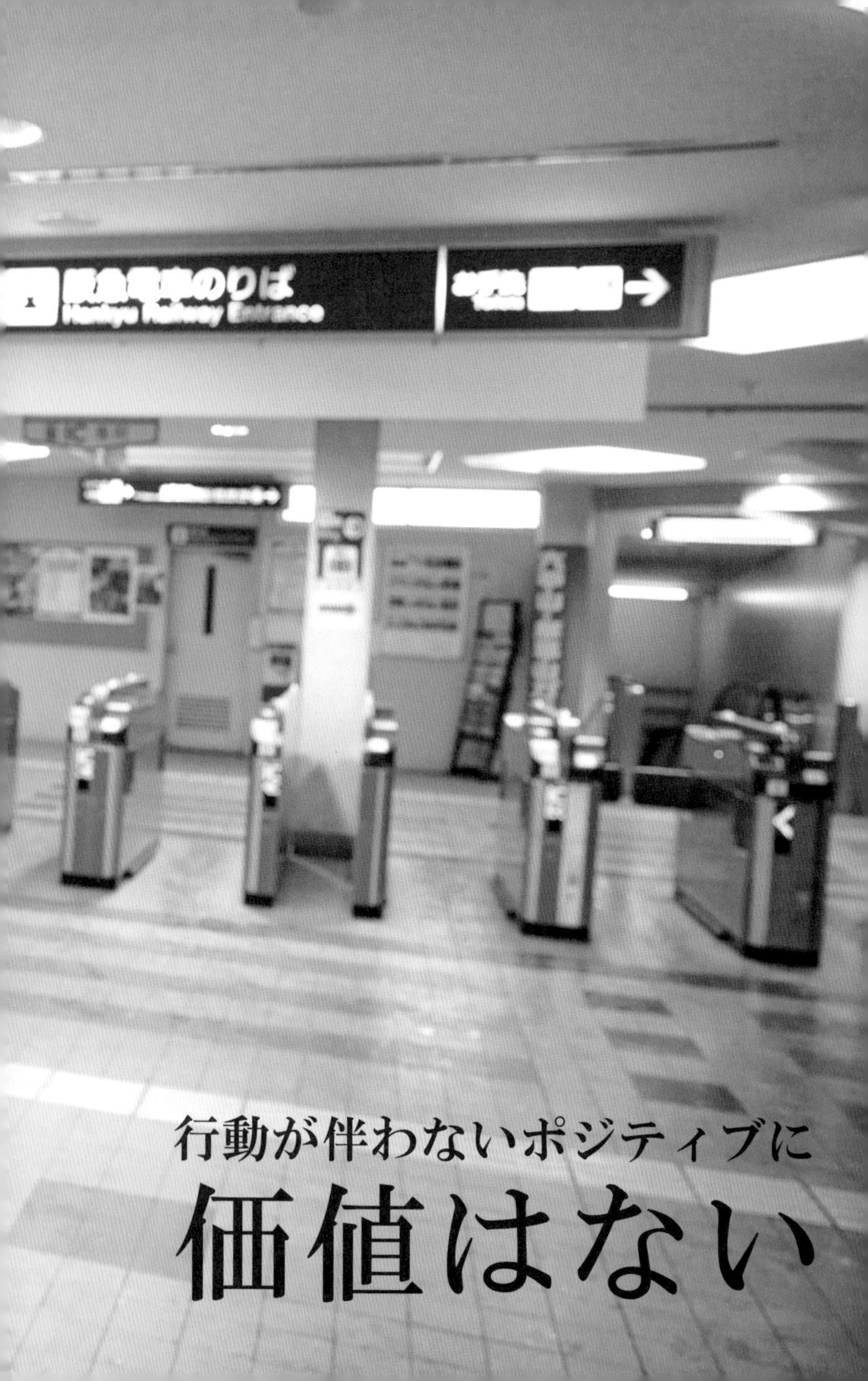

行動が伴わないポジティブに
価値はない

明日から頑張ろうという人は
明日も「明日から頑張るという」

本当に頑張る人は
今すぐ頑張る

阪急六甲
Hankyu Rokko

ポジティブが足りない！
春木開
りになる「運」のつかみ方
KADOKAWA
(本体1,300円+税)
ネット書店で好評発売中!!
SS22
TSUTAYA

POSITIVE!
ポジティブが足りない!
人生が思い通りになる「運」のつかみ方
春木開
時代の始発列車へ
KADOKAWA
「春木開公式」LINE登録はコチラ
ポジティブになりたい貴方へ!
定価1,430円(本体1,300円+税)
全国の書店、ネット書店で好評発売中!!

害虫と呼ばれていた底辺時代に見た景色

道頓堀に足を運ぶたびに沢山の思い出が走馬灯のように駆け巡る。
18歳の時朝から晩まで、ここでキャッチの仕事をしていた。

今は条例で規制もされているが、道頓堀戎橋が〝ひっかけ橋〟と言われる所以は自分みたいに声をかけるキャッチや客引きが多かったからだ。

皆が遊んでる時寝てる時、女の子と飲んでる時は勿論、皆が終電まで働いてる時は始発まで声をかけていた。

リスクを背負うお金なんてないから、時間と体をリスクにかけるしかなかった。

ほぼ9割の人には無視され、残りの人からは、
「死ね！」「害虫！」「私の価値が下がるから喋りかけないでくれないかな？」
数多くの辛辣な言葉を放たれたり、地元の友達が僕の仕事の噂を聞いて冷やかしに

みにきたこともあった。

それでも毎日足を運び、当時流行っていたSNSmixiの紹介文には「道頓堀に住んでる人と思ってた」と書かれるほどで始発前にマクドで100円の単品ハンバーガーと無料でもらえる水を大盛りにしてもらい腹を満たすのが日課だった。

当時1番尊敬してた先輩の誕生日会で変なお酒を飲まされて身ぐるみ剥がされた状態で目が覚めたら道頓堀の橋の上で目が覚めたこともある。その先輩が主犯格だったと知った時は財布だけでなく心も空っぽでしばらく途方に暮れていた。

いつだって上を向けばTSUTAYAの巨大ビジョンに映る芸能人達の広告が僕を見下すように笑っていた。

虚しさと悔しさと反骨心だけで頑張ってきた。

キャッチ時代に築いた人脈と信用と仲間と僅かな軍資金で自分は起業し事業展開を始めSNSという時代の波に乗り自分を発信し、インフルエンサー実業家として出版が決まりこのTSUTAYAの巨大ビジョンに書籍の広告を出すことが決まった。
加えて毎日この場所に通う為に乗っていた大阪御堂筋線なんば駅の広告ジャックも決まった。電車に乗るのが苦手な人も僕が見届けてるから少し電車が楽しくなったはずだ。

この看板を見上げながら道頓堀でキャッチしていたあの頃、六甲からなんばまで満員電車に乗り通ってたあの頃、時を経て書籍を出版する未来も、看板に自分がいる未来も微塵も想像もしてなかった。

産まれた時から優位な位置にたってなくても、人生なんて〝努力〟次第でいくらでも変えられる。

日本のメディアの発信は、数字を稼ぐ為にネガティブなニュースや芸能人の不倫を発信するけど、そんなの自分達の人生に1ミリも関係ない。

自分はポジティブな発信を続けて、一歩踏み出す勇気が芽生え、誰かの人生を変えるきっかけになるような影響力を持つ発信者になりたい。

その為にまだまだ頑張ります！

死ぬ気の努力の一秒の積み重ねが
自分すら想像することのできない未来を切り開く

DRY

負けたら終わりじゃなくて
辞めたら終わり

キャバ王と呼ばれた男

Connecting the dots

点と点は繋がる

スティーブ・ジョブズの有名な言葉で「過去何かに没頭したことはいつか何かにつながる」という意味です。キングコング西野さんの著書でもこの言葉について抜粋されていて、自分にも照らしあう部分が多かったので取り上げさせていただきます。

自分の人生を振り返っても、キャバクラのキャッチから始め信頼できるキャバ嬢と出会い、そのキャバ嬢に出資する形でネイルサロンを起業した。

その後、キャバ嬢の知り合いも多いし、同伴やアフターでも使ってもらえる飲食店を開業し、当時ULTRA JAPANなどが日本に上陸しフェスブームに乗りイベント業も始めた。キャバクラにおいてもらえる販路もあるし自分の飲食店やイベントでも毎月シャンパンが出るのでフランスのシャンパーニュ地方からシャンパンを輸入しシャンパン事業を始めた。
ＳＮＳ時代の波を感じインスタをバズらす為、とシャンパンの販路拡大を目的に全国の有名キャバ嬢に会いに行くうちにフォロワー数が増え「キャバ王」と呼ばれるようになりＴＶや雑誌に特集されインフルエンサーとして店のプロモーションでキャバクラの店舗にゲストとして招かれる仕事も頂くようになった。

今は国内通販ドレスブランドNo.1「dazzy」の代表を務めており、キャバ嬢の方とライブ配信でドレスについてトークしたりしているし、仕事の接待でもよくキャバクラにも足を運ぶ。

自分は肝臓と肝臓でぶつかりあって生まれる関係性はあると思ってるし、ただ飲むだけはでなく、キャバクラで最近お金を使っている人の仕事を聞いてビジネスのトレンドを掴んだり、売れるキャバ嬢の所作や振る舞いを見て学んだりもしている。
気づけば点と点が繋がって、キャバクラと密接な生き方を歩んでいて、まさに「Connecting the dots」なんだけどキャバクラをやっている時はその先に待っているキャバ嬢と起業することなんて考えていなかったし、飲食店やイベント業をやってる時はその先に待っているキャバ王やメディア出演自分がインフルエンサーになることなんて考えていなかったし、ドレスブランドの代表になる未来なんてもっと考えていなかった。

なんか綺麗に手広くやってるように見えるけど点と点が繋がったというのはぶっちゃけ後付けで美談になっただけで計算とか正直何もなく、その一瞬一瞬は、ただただ目の前のことに没頭してた。

キャッチで食べていくのも大変だし、飲食店やイベント業で稼ぐのも大変だし、シャンパンを広めるのも自分の認知とフォロワー増やすのも全部大変だったし、まずは目の前のことに死ぬ気で向き合わないとその業界で結果なんて出せるわけない。

この仕事で資金を貯めて、いついつまでに起業して、5年後はこういう事業展開して10年後はこうなってるみたいな長期的計画をたてることってもちろん凄く大切なことかもしれないのだが、自分は変化の激しい3・0時代には〝計画より大事な臨機応変さ〟の方が大切で、またコロナなんて未曾有なものがきたら計画なんて振り出しだ。

そんな僕は〝無計画〟を〝計画〟としている。

いい大学に出て就職するとか、起業は何歳になってからとか、何円貯金してから、フォロワー何人になってからとか、親に承認もらってからとか、そんな未来ばかり気にした生き方なんかじゃなくて、

昨日の正解が今日不正解になったり、昨日の常識が今日地雷になるようなあるかわからない10年先を見据えず、

〝今を全力で生きる〟

〝今いる場所で突き抜けること〟

そんな生き方もこれからの時代の大切なんじゃないかなと僕は思う。

先のことを見据えないなんて不安？


ポジティブ足りない！


犯人がわかった推理小説読んでも面白くないでしょ⁉

ポジティブ思考があれば先の見えない道だかやこそ楽しく歩けるようになるよ。

俺レベルになればシャンパンじゃなく
自分の魅力で酔わすよね

割り勘する男を駄目とは言わないけど
プライドも株も失ってるけど大丈夫？

女性を〝女〟って言わない
お金を〝金〟って言わない
お客様を〝客〟って言わない
大切なものには常に敬意と感謝を

ガーシー砲炎上の裏側

TikTokでどんなネガティブな状況にも「ポジティブ足りない！」と変換するコンテンツがポジティブ社長として大バズり。

昨年（2022年）4月に、「ポジティブが足りない！」の出版が決定した。

大阪御堂筋線地下鉄なんば駅／大阪道頓堀・渋谷ハチ公前巨大ビジョン／巨大トラックなどをジャックして日本中を名実共にポジティブ旋風を巻き起こしていた順風満帆な時期に悲劇は起きた。

今でも忘れないx dayとなった。

その日は母親の還暦の誕生日で約20年ぶりに中学生以来の春木家家族全員を旅行に自分が招待する日だった。

母親とはずっと親交は深く、よく自分のSNSにも登場しており感謝の気持ちや親孝行はしていたのだが、家庭内別居が始まった中学生頃から父親とは確執があり（前著でも記載）会うことは勿論父親の連絡先さえ知らない自分だった。
時を経てお金とかフォロワーよりも家族や義理や愛を優先できる心の余裕のある人間になりたいと思ったし、好きとか嫌いとかの感情論抜きに春木開という俺を産んでくれたのは父親と母親と思うと感謝しないとと思いはじめだした。

日本という先進国に産まれる確率は17％。日本に産んでくれただけでも自分はありがたすぎることだと思うし、遅くはなったが感謝の気持ちを直接伝えていこうと思い全国津々浦々の温泉を旅した自分が国内一と称している秘湯熊本〝たけふえ〟に招待する日だった。その日は地元岡山から父・母・弟・弟の嫁と姪が新幹線で福岡に、自分は飛行機で東京から福岡に向かう予定で機内に乗り込んだ。

父親とどんな会話をしよう、喜んでもらえるかな。
不安と期待が混ざり合い、普段数百名の前での講演会で緊張しない自分が一人の父親と会うのに緊張しており、スマホで他のことを考えようとするも、Wi-fi がない機内が尚更緊張を高めながら目的地に向かった。

家族より先に空港に到着し電波が繋がるやいなやLINEの通知が数百件と鳴り止まなかった。

はにゃ!?

何が起きたのかとLINEのトーク欄を開くと、既読にする前から全てのメッセージに同じワードが羅列されていた。

「ガーシーに晒されてる」

「ガーシー砲大丈夫!?」と言った内容だった。

当時ガーシーさんがX（旧Twitter）やYouTubeで（現在はアカウント凍結済み）芸能人の暴露を連日配信して注目が1番集まっている時でそのチャンネルの破竹いや爆竹のような勢いは皆も記憶にあるはずだ。

その日本中の注目を集めていたガーシーさんに、春木開とカップルYouTuberおたひかのひかるは付き合っているという自分と彼女のプライベートの旅行の写真が投下された。

当時自分はカップルYouTuberとして活動しているおたひかchのひかるさんと仕事を通じて出会い、彼女達の交際が破局後お付き合いをしていた。

破局した事実、新しい恋人ができた事実を発信しようとしていたが〝カップルYoutuberとしてのファンの離脱〟を懸念し報告するタイミングは慎重に考えた方がいいと自分が助言し彼女達は引き続き活動を続けていた。

結果として、カップルYoutuberとして活動している上で実際は自分と付き合っていることが世に出て炎上した。

熊本のたけふえで温泉に入るどころではなく、母親の還暦のお祝いをするどころではなく、20年ぶりの家族旅行を楽しむどころではなく、本当に家族と彼女達のファンを裏切ることをしてしまったことについて申し訳ないと思ってます。

翌日朝イチで都内に戻り、本件について謝罪動画と今は自分と交際していることを報告する内容の動画を発信しました。

謝罪動画で鎮火することはなく、コメント欄は更に大炎上し辛辣なコメントで埋め尽くされました。更にガーシーさんは続けて、【春木開がネガティブになるような爆弾を落とす】と引き続き僕に対する発信を続けられました。

当時ガーシー砲を投下された方々は、完全黙秘の対応や活動休止をされる方が多く、言及される方はいませんでした。反撃のリスクもありますし、ＳＮＳという新時代が産んだ新しい怪物へ何が正解か何が正しい対応なのか誰もわからないからです。自分もどうするのが正解かわかりませんでしたが一つ明らかな変化がありました。

自分のインスタグラムのストーリーの１日の視聴が平均５万人に対してガーシー砲投下日は１日60万人以上の人が閲覧してました。凄い影響力を数字と肌を持って感じました。

起きてしまった事実は変えることはできないが、価値は変えることできる。

多くの超有名芸能人の名に連ねて自分の名が世に出たことも、これだけ多くの人が自分のことを見てくれているのも、僕のことを知らない人に僕のことを知ってもらえるチャンスだ!!とポジティブ変換することを決意しました。

そして、ガーシーさんが僕の闇を晒すのであれば晒される前に自分から晒そうと決めて、「ガーシーさんにこれから晒されそうな闇を先に全て自白します」という動画を投稿しました。

自分の中では闇という認識はないが、影響力や発信力が強すぎる人の発信は時として白さえも黒に捉えられてしまう可能性もあるし、人は後ろめたいことは隠す。自分の口から先に発信すれば、もう相手も何も言うことはない。過去に水商売の仕事をしていたことや交友関係などを全て自白しました。

その動画に対して、「謝罪の際にブルーのスーツを着て謝罪して反省してない」と声を頂いたので、翌日、「スーツの色をご指摘頂いたので本日改めて謝罪配信させていただきます。」とその日から毎日スーツの色を変えて謝罪配信をしました。

その結果、

春木開の毎日謝罪投稿はポジティブ足りてる
春木開全力でネタにしだして、メンタル最強ポジティブ足りすぎ
春木開の毎日謝罪動画ツボ

東京美容外科統括院長麻生先生も動画で、

「ポジティブすぎる。自分にとってマイナスなことが起こった時にプラスに変換できる強さを持った図太さがないと、ちょっと炎上しただけで落ち込んで鬱病になって自殺未遂を起こす人もいる。彼は起こさないだろうから、叩く人は叩いてくれて彼の再生回数に貢献したらいいと思う」と発信していただくなど、ポジティブマインドを肯定していただくコメントで溢れて、結果として4日間で5万人のフォロワーが増えることになりました。

最終的にガーシーさんも、

「あいつのことを発信してもあいつのフォロワーが増えるだけだから言及を辞める」

という形で終戦を迎えることができました。

ＳＮＳ全盛期の新時代において、晒し・暴露・炎上など今までと違った形で心を病ませる方も多くなるかもしれませんが、いつだってマイナスをプラスにする突破口はあります。

自分の対応が正解だったのかは分かりませんが、どんな状況下でも、

悲観でなく楽観
絶望でなく希望
嫉むより妬まれろ
悲しむな笑おう

ポジティブに行動するだけで人生は楽しくなるし、
乗り越えていけることを僕が保証します。

炎上さえも
ENJOY

ぱっかーん炎上

まだ記憶に新しい人もいると思うが、２０２３年今年も炎上した。

炎上と不思議な縁があるのか、この日は熊本の〝たけふえ〟に訪れており、心も身体も癒され帰路のくまもと空港で長閑にお土産を選んでいる時に爆弾は投下された。

自分の友人から一通のラインが届いた。

「ひかるちゃんのインスタにち〇ちん載ってるけど大丈夫⁉」

はにゃ⁉

そんな馬鹿な！しか台詞が出てこず、どういうことだと思い確認すると、ひかる（元カノ）のインスタグラムのストーリーに温泉で優雅に浮かびながら全裸で開脚する自分の写真が投稿されていた。全身医療脱毛でツルツルピカピカにされていることで自分の秘部が遮るものなど何もなく全開されていた。

ＳＮＳは権力も特権も持たない私たちが、手の届かないはずの世界に衝撃を与えられる唯一の武器だ。　～Netflix FOLLOWERS 抜粋～

まさに世界に自分の秘部が衝撃を与えた瞬間だった。

元カノによるリベンジポルノかとか、裏垢に投稿しようとして間違えたのかとか、波紋をよんでいたが自分が自分の先輩に冗談で送るために撮影してもらった動画を彼女が寝ぼけてスマホのボタンを押して投稿してしまった完全に誤爆だった。

発覚後動画をすぐに削除したがその動画は約10分間彼女のインスタグラムのストーリーに公開されていた。

即座に自分とひかるのところに無数のＤＭが届いた。

「見ました」

「ぱっか〜ん」

「小さいですね」

とどまることのない鳴り止まないＤＭ。


すぐにX（旧Twitter）をチェックした。炎上時1番要注意なのはXだ。

Xはリツイートという拡散機能があるため広がりやすい。特にXは晒し系やネガティブコンテンツがバズりやすく暴露系などにも1番使われるプラットフォームで、昨年の自分の炎上もXから発火した。


Xを開き〝春木開〟とエゴサーチしてみる。

フォロワー数約10万人のツイッタラーの方が、『インフルエンサー春木開の元カノである浦西ひかるのストーリーに完全に〝開〟された状態で春木開のポジティブが足りていないお粗末なソレが映り込む動画が拡散され話題』と被爆者ながらあっぱれの非常にうまい文章力で投稿されていた。

このツイートのインプレッションは255万人にわたり、これは京都府の人口と同等で京都府の全人口が僕の秘部を見たと言っても過言ではない。この方以外にも同様にツイッタラーの拡散は続きさらに多くの人に拝見されたのは明白であろう。

動画の削除通報をしたところでイタチごっこが後の祭りで、一度公開された動画は誰もがスクショしてまた再投稿する。デジタルタトゥーとして一生残ることは瞬時に認識できた。

リツイートの数が目の前でどんどん増えていく。先章でも前述したが起きた事実は変えられない。全てをプラスにポジティブ変換しようと僕はツイートした。

【〝春木開〟という名前に負けない位〝開〟きすぎちゃいました。
炎上!? 俺は ENJOY してるだけ。】

SNSで叩く人というのは、気にしてる人をどんどん叩く傾向がある。格闘技でいうジャブやボディが効いてたらどんどん連打していくイメージだ。

僕は自分に対するツイートに、どんどんポジティブ変換していった。

『春木開の春木開はポジティブ足りてない』

『ちいさい』『かぶってる』『ミル貝』


包茎じゃなくて刀を鞘にしまってるだけ。短小じゃなくて伸び代と膨張率に溢れてるだけ。早漏じゃなくてタイムイズマネーなだけ。

某女性政治家の方から、

『某インフルエンサーの男性の下半身が元カノによって晒されているけど（誤爆なのか？）晒してしまった本人はよく自分の行動考えた方がよいね。』と彼女に対して苦言を呈すツイートをされていたので、

【完全に悪気の無い誤爆なので一切責めるつもりもないし、何年後も爆笑できる思い出が出来きました】とリツイートした。

『まさか下半身を晒されても怒らないでいられるなんてポジティブ足りすぎ。』

『なんか、わたしの悩みなんてほんとにどうでもよくなりました。』

『なんか落ち込んでたら元気貰えました。有難う御座います。』

賞賛の言葉でリプ欄が埋まっていった。


翌日、自分を晒したツイッタラーの方から、

『昨日局部を元カノのインフルエンサー浦西ひかるによって晒されてしまったインフルエンサー春木開の一連の流れに対して苦言を呈した女性政治家に対する返答がポジティブが足りすぎてると好感度爆上がり。よくよくみたアソコも器も〝でっ開〟と巷では大盛り上がり。』とお褒めの言葉もいただいた。


それだけでは終わらなかった。

自分が全身脱毛でパイパンをしている件について、

『春木開、全身脱毛していてとても良い。』

『春木開さんがぱっかーんした動画見たけど脱毛してて好感度上がった！アンダーへアーは男も要らんと思う私です。メンズ脱毛もっと流行って…！』

『春木開の流出動画見て、やっぱ脱毛は正義だとおもた。』

脱毛していることについて言及されていたので、アンケート機能で毛ありorパイパンか投票し、パイパン数の方が多いエビデンスを獲得した上で、自分がプロデュースする美容クリニックの全身脱毛半額キャンペーンのプロモーションに繋げた。

【今回の動画流出により、全身脱毛・ＶＩＯ脱毛の魅力が皆に伝わったのか、脱毛したいという声がとまりません。なんとHAABでは医療脱毛が半額です。身体を張ってＰＲさせて頂きます。】

今回の炎上を脱毛のプロモーションへ転換するというポジティブ変換した。

結果として僕の全裸を見て脱毛しようと思ってくれた人も多くクリニックへの脱毛の問い合わせや来客数も増えた。

最初から脱毛のプロモーションする為の炎上商法だったんでしょ？まで言われるほど綺麗な構成になったが今年35歳で経営者の自分は炎上商法の為に全裸を世に晒さな

いといけないほどは困ってはいません汗
今回の炎上でフォロワー数も増えたし好感度も上がったし、彼女との一生の思い出もできたし、今となっては笑い話に変えれます。

今この本を読んでいる皆は何に悩んでますか？

生きてる限り悩みは尽きることなんてない。でも去年の今頃何に悩んでたなんて忘れてるし、僕のように笑い話に変えれる悩みだってある。

そんなもんなんだから考えすぎず、楽しく生きよう！が解決策。
いつだって悲劇はポジティブが喜劇に変えてくれるよ。

もし読書の方で炎上する時がきたら一緒にENJOYしよう。
俺が身体を張って助けに行くよ。

人生なんて100年かけた思い出作り

ぱっか〜〜〜ん

VUITTO
MALLETIER À PARIS

ムダ毛が男らしい時代は終わった

炎上を経験して失ったものと得たもの

〜人はうまくいってるとき周りに人は集まる。
いざというときどれだけの人が集まるかがその人の価値〜

ガーシー砲の炎上の際、まるで飛び散る火のように離れていく人や距離を置こうとする人が沢山いた。

コラボ撮影が延期という名の中止になったり、商談や取材が流れることも日常茶飯事だった。

巻き込まれたくない。火の粉が飛んでくるかもしれないリスクヘッジ故の判断をされる方もたくさんいた。

もちろんそれを悪いこととは一切思わないし、賢明な判断なのかもしれない。

そんな離れていく人たちを見て凹んだ!?

ポジティブ足りない！

いいか！ 人間関係の断捨離するチャンスやん

不幸な人は興味のない８割の人に８割の時間を使い、大切な２割の人に２割の時間を使う。

幸せな人は、興味のない８割の人に２割の時間を使い、大切な２割の人に８割の時間を使う。

上辺の付き合いでなくて、自分を大切にしてくれる人がはっきり浮き彫りになる機会になった。

「お疲れ様です。色々大変ですが、カイくんの事普通にこんなにすごかったんだってびっくりしてる。俺も居たような所から出て来た人がこんな風に話題になるって、多分最初にあった時ここまで知名度無かったと思うし、そんな事考えたら努力したんだなって本当に感心しています。今さらに大きくなる時なんだと思って僕の感想を言いましたが、もし実はめっちゃ落ちてたりしてたらごめんなさい。」と連絡をいただけて、炎上中にも関わらず講演会の会場としてお店を使わせてくれたバーレスク東京代表の内藤良太さん。

「動画でコラボしたりSNSでツーショットの元気な写真を載せるとか、イメージアップの協力するので何かできることあればお気遣いなく連絡ください。」と連絡をいただけたラファエルさん。

また、こんな自分の状況下にも関わらずコロナ禍で打撃を受けた業界を盛り上げて欲しいと国内最大級ドレス通販ブランド「dazzy」の代表に任命していただいたり、暗いニュースばかりの〝ポジティブ足りてない〟ご時世で下を向いている人々に上を向いてもらう為にに協力して欲しいと国内最大規模の花火が放たれた【大阪・関西万博】のカウントダウンイベントのポジティブアンバサダーにも就任させていただいた。

いざという時にも手を差し伸べてくれる方が沢山いた。

自分の株価が下がってる時に拾って頂いた方には必ず株価を上げて恩返ししたいと思う。

人はしてあげたことだけ数えて、してもらったことを忘れがちだけど、してあげたことは忘れて、してもらったことだけ数える方がずっといい。

いつの時代も、どんな世界でも、だれがいつどうなるかなんて分からない。

〝明日は我が身〟を身をもって体感した自分だからこそ困ってる時の人助けを率先してやる。


困ってる時の人助けは価値が大きい。

おにぎりの価値もお腹をすいてる時と空いてない時では価値が違うし、１０００円の価値も貧乏学生時代と大人になってからでは価値が違う。

コツコツ人を助けておけば、自分がいざという時何割かは助けてくれる。

人はうまくいってる時に人は集まる。いざという時どこまで人が集まるかがその人の価値というが、日頃の行いの積み重ねが集積になったと思う。


ＳＮＳ社会が導いてしまった、揚げ足とったり人のことを叩く方がいいねがつくから、みんな石を投げたり足の引っ張り合いのネガティブな現代社会において、自分は誰かの手を引っ張れる存在のアイコンであれるように頑張りたい。

何をするかより
何をしないか
誰といるかより
誰といないか

新幹線は9号車しか乗らない

自分の視座を
高くしないと
いつまで経っても
同じ景色しか見えない

必ず社長になってやる

自分のYouTubeチャンネルで〝社長ファイトクラブ〟という番組が盛り上がっている。起業して社長を目指す志願者が、未来の社長を探す経営者に社長になりたい思いをプレゼンする番組だ。

某人気YouTubeチャンネルのように事業計画が決まってなくてもとにかくやる気と熱量はあるが資金がないような挑戦したい人材を支援する番組で、資格や学歴がなくてもどんな方でもチャンスはあり、見事プレゼンが通ればその社長のもとで研修をし最短半年で社長になれる番組だ。出演される社長も様々な業態で飲食／不動産／美容／IT／人材派遣etc

自分の希望の業種の社長にプレゼンができ年商150億を越す経営者の方々も参加されており1社2000万円出資される社長や小切手を渡す社長までいる。

実際にこの番組を通じて年商数億の会社を経営する社長になった方もいる。

人材不足と言われるこの時代に、社長になりたい！起業したい‼という意識高い人材が集うこの番組は経営者の方にも好評で、未来の社長を探す経営者の方の応募も番組を追うごとに増えてきている。

今までの志願者の数も約８０００人を越しており（２０２３年7月現在）毎月数百名の面接を行い通過した厳選された人材が番組の方に出演しプレゼンに挑み毎月約15名ほどの未来の社長がこの番組から決まっている。

シンプルにお金持ちになりたいから起業したいという人もいれば、会社が倒産して７００万円の借金を抱えた元経営者や夜行バスでなけなしのお金で会場まで足を運ぶ携帯も止められている崖っぷちの状態の方もいた。

必死の思いと決意に心動かされた1人の社長が彼に出資したいと手を挙げると彼は号泣していた。

前に進みたいのに進めないどん底の状況下でもやる気のある方達には手を差し伸べたい。

過去に失敗したり、過ちを犯した人も志願者として応募されることもあり再挑戦の機会を応援している。どんな人にも平等にチャンスがあり、経営者を目指して人生を変えたい人が一歩踏み出す勇気を出せる環境に社長ファイトクラブをしていきたい。

オンラインサロンもそうだが、自分を通じて人生が変わったり転機になる影響を与えられるプラットフォームをこれからも沢山産み出していきたい。

次に未来の社長になるのはこの本を掴んだあなたかもしれない。

必ず社長に
なってやる
社長ファイトクラブで
社長を目指しませんか？

やるかやらないかじゃなくて
やるか〝すぐやるか〟

日本一のポジティブコミュニティ"KAISALON"

僕が主宰するオンラインサロン「KAISALON」は今年で5年目を迎える。

5年前オンラインサロンを始めるというと「宗教」だと散々揶揄されてきたが、新時代の波を直感で感じて立ち上げたサロンは700名を越す規模になり、オンラインサロン自体も市民権を獲得してきた。

KAISALONは年齢層も中学生から60代まで幅広く職業も経営者から学生、会社員、主婦の方々まで入会されていて普通に生きていたら出会わなかった人との出会いの宝庫だ。

今年になって自分の母親も自発的に入会して活動している。

言うまでもなく春木開のことが無関心であったり共感してない方はまずサロンに入会しないのでKAISALONに入会する時点である程度の共通項が担保される。マインドが好き、ポジティブな生き方が好きそういった価値観が同期された人たちで集まったコミニュティなので良好な人間関係を築きやすい。

宗教のように見える人もいるのかもしれないが、昭和は物を売る時代、平成は情報を売る時代、令和は生き方を売る時代と初著でも記しているように3・0時代は生き方(思想や理念)を売ることが大切だ。

アパレル・アウトドアブランドのパタゴニアはただ製品を販売するだけではなく、労働環境の酷さを問題視し30年以上も前から地球を救うことにコミットして事業を展開するSDGs企業だ。商品のデザインや機能だけでなくそういった理念に消費者やファンがついてきてる。

技術が発達すればするほど機能での差別化が図りにくいコモデティ化が起こり、商品の差がなくなってくるとき何が購入するきっかけになるかといえば、この人がやってるからの〝人検索〟や理念に共感するという〝理念検索〟になってくる。

そんな時代だからこそコミニュティに所属することは超大切(どうせお金を使うな

らサロンメンバーのお店に行こうマインドが生まれるから）

もはや品質が良いとか価格が安いとかだけで売れる時代じゃない。

５００円高いけど仲間の店へご飯食べに行こう。

10分遠いけど仲間の店へ飲みにいこう。

どうせヘアセットするなら、どうせネイルをするなら、どうせ保険に入るならサロンメンバーにお金を使ってる自分がいる。


また関わる時間が増えれば増えるほど信頼や人間性も見えてくるので雇用やビジネスもそこから生まれやすい。

実際に僕が経営している
ＳＮＳ運用事業のクリエイターも、パーソナルジムのトレーナーも、アパレルブランド iris のデザイナーも全員オンラインサロンメンバーである。

僕も含めてKAISALONを通じて起業した方もいれば、全国に生涯の仲間を見つけた方もいれば、ポジティブなマインドになれた結婚相手が見つかったなど〝人生が変わった〟と言ってくれる方もいる。

そう言った誰かにとって人生の転機になる資格も学歴も年齢制限もない、ポジティブがドレスコードの〝コミニュティ〟をこれからも盛り上げていきたい。

どんなパワースポットより
俺の隣が1番のパワースポット

格闘技に挑戦した真実

記憶にまだ残ってる人も多いかもしれないが、昨年12月24日聖なる夜のクリスマスの日に人生初の格闘技の試合に挑戦した。

きっかけは昨年8月、ある人からの1本の電話だった。チャンネル登録者数486万人（2023年10月現在）を越す人気YouTuberのヒカルさんと多くの事業を手掛けるサムライパートナーズ代表の入江巨之さんからの電話だった。

仕事の会話から話題が変わった。

「カイくん今年炎上も乗り越えたし一発バズる気ない!?」
「え！勿論バズりたいです!!」
「俺のいうこと何でも挑戦できる!?」

＊入江さんといえばwin win win/Non title/下剋上など多くの番組や企画をバズらせたりして業界では知らない人もいない存在だ。そんな方に機会を頂けるのは光栄で内容は度外視して自分は即答していた。

「はい！勿論です！何したら良いですか!?」

「格闘技でよっか！」


はにゃ!?格闘技!?

どうやらヒカルさんのチャンネルで、〝バトルミリオネア〟という格闘技の番組を開催するのに出演しないかという話だった。


自分のＳＮＳを拝見している人は知ってると思うが自分はすこぶる運動神経が悪い。

９年間続けた野球はずっと補欠、足も遅く、肩も悪くセカンドを守るもファーストまでもワンバン送球、勿論筋力もあるはずなくパワプロで言えばオールＧの選手だ。

運動神経悪いパリピとして動画がバズるくらい運動音痴の自分なうえに人の悪口も言わないし喧嘩もしないし、虫さえ殺さない平和主義の自分が格闘技の殴り合いなんてできるわけなかった。

「すいません。せっかくのお話ですが格闘技は辞退させて頂きます。」と丁寧にお断りしたところ、

「ポジティブ足りない！一度何でもやるって言ったのにやっぱり辞めておくってポジティブじゃなくない!? 何にでも新しいことや苦手なことに挑戦していく姿を見せていくのが本当のポジティブなんじゃないの!?」と自分のパワーワードでカウンターKOされた。

確かに、挑戦する人へ応援や一歩踏み出す勇気を与えるアイコンでありたい自分自身が挑戦してないのは説得力に欠けると感じたし、運動音痴な自分が格闘技に挑戦することで誰かに勇気を与えれるのではないかと自分は格闘技への挑戦に覚悟を決めた。

対戦相手は元彼対決ということでYouTuberの〝おた〟に決まった。
自分の元カノである〝ひかる〟の元々彼だ。
彼は細身で中性的な顔付きをしており、正直自分と同じ運動音痴の属性と思い少し安心していたのだが、23歳で学生時代から常に野球部のレギュラーで運動神経も抜群らしい彼に自信満々に「春木開潰しに来ました」と飛び膝蹴りのモーションを見せられた時本気で潰されると思いました。

その日から人生初のキックボクシングジムに通い出しました。

最初は1vs複数で教えて頂けるジムに通っていたのですが自分に合ったトレーニングをしないといけないと感じマンツーマンのジムに変え、仕事に支障をきたさないように毎朝早朝から大会までの毎日本当に週6ゲロを吐きながら出張先でもジムを紹介して頂き練習してきました。慣れない身体は筋肉痛は日常で身体中には痣や内出血だらけになってました。


どうせ出場するからには本気で挑もうと、練習だけでなく入場のパフォーマンスにはバーレスク東京のダンサー達、セコンドには格闘家のYUSHI君についてもらい自分で引くに引けない状態を作りました。

そんな中、毎日の練習の疲労に加え12月に開催していたホスト企画の連夜のお酒と全国出張が重なり、体調が限界を迎え大会3日前に38度を越える熱が出てました。幸いにもコロナやインフルエンザでなかったものの体調はすこぶる悪く、何でこんな時期にと神様を恨みさえもしました。負けた時の言い訳とかって思われたくなかったのでそういった体調不良も一切公表せず葛根湯とレッドブルをかち込んで当日を迎えました。

どの試合よりもオッズが大きい1対3のレートがついてました。これは僕が勝てば僕に賭けた方は3倍儲かるということで皆が僕が負けると予想していたことになります。

格闘技に挑戦することを決めた動画では散々言われてきました。

「勝てるわけない」「エノキみたいな身体やん」「普通にボコられるだけやん」

挑戦すれば批判される、失敗すれば笑われる。そんなポジティブ足りてない風習を壊したい。そんな気持ちで戦い抜いた。

試合の結果僕は勝利しました。

コメント欄にも、

「挑戦の大事さを改めて感じました。」

「のびたがジャイアンに挑んで諦めずに勝ったというような感動の試合でした！」

「挑戦することで己の強さを高めポジティブを高めていく男ですね！」

「今までで1番かっこいい春木開を見れました。勇気をもらえました」

コメント欄の内容全部記載したいくらい挑戦してよかったと感じるコメントで溢れてました。

結果としてバズったのかと言えばよくわかりませんが、今までの自分とは違う一面は見せることはできたと思うし何より自分自身挑戦してまた結果を出せたことで自信がついたと思います。

自信もやる気も待っててもつくわけなくて挑戦しないとついてきません。
自信がないから挑戦しないじゃなくて挑戦しないから自信がつかないんです。

これからも、お前どんだけ挑戦するんだよという内容を皆にお届けして俺も頑張ろう効果で皆の士気をあげる存在でありたいと思います。

押忍!!

BATTLE MILLIONAIRE

周りにいる人間は自分の鏡
付き合う人間の質で人生の大半は決まる
ポジティブな人で周りを固めよう

似合う服より好きな服を着ろ

昨年アパレルブランド"iris"を立ち上げた。

元々ファッションが大好きで奇抜な派手なデザインが好きな自分は、自分が好きな服を自分用に制作したりデニムをカスタムし着用していた。

嬉しいことにSNSから、「それどこのブランドなんですか？」「私も着用したい」って声を沢山頂けたのがアパレルブランドを立ち上げた経緯だ。

今年35歳になる。
自分は髪の毛も金髪×ピンクで服の色も基本原色カラーしか着用しない。

落ち着いたら？とかいい歳なのにとかよく言われるけど
そんな常識誰が決めた？

自分がしたい髪型して、自分が着たい服着て、自分が喋りたいこと喋って生きていく。

それが自分の人生だと思う。

似合うものでなく着たいものを着たらいいと思う。

嬉しいことにirisは8月阪急メンズ館東京でのPOPUPを開催した。好きで始めたブランドが通ってたメンズ館のフロアに出展できるなんて感慨深いし、やりたいことって挑戦してみるものだなと再実感してる。

irisの服を纏った人が「ポジティブ」かつ「愛」に溢れる思いを込めている。

ぜひポジティブ足りない時は自分の服を着て外面からまずはポジティブを纏ってみて欲しいと思う。

I
FEEL
LIKE

春木開の本業とは

春木開は何やってる方とよく聞かれるが僕の本業は美容家である。

南青山／原宿／横浜／名古屋／大阪と、全国5院美肌・痩身・脱毛・外科などに特化した美容クリニックをプロデュースしている。

美容の仕事に携わるきっかけは今でこそ美肌と言われてるが、ずっとニキビ肌がコンプレックスだった。

ニキビは足りてるのにポジティブは足りてなかった自分は、肌が汚いが故に人前で話すのや人と目をみて話すのが苦手だった。市販の薬を処方するもなかなか治らず美容クリニックで然るべき処方で肌がきれいになったことで、自分に自信が持てるようになった。

歯も元々すきっ歯だったのをセラミックにしてから自然な笑顔ができるようになってきたし、爪も2週間に一度はサロンで磨いてもらう。

家を出るときは毎日ヘアスタイリストにセットもしてもらうし、脱毛は勿論ＶＩＯまで全身医療脱毛、美容治療もどんどん進化していて「美容３・０」と称するなら細胞から若返る治療〝エクソソーム〟が今は話題で、自分も毎月１度点滴をうっている。

コンプレックスを克服したり、美しくあろうと美意識を高くもつことで人は変わる。

意識が変われば行動が変わる
行動が変われば習慣が変わる
習慣が変われば結果が変わる
結果が変われば人生が変わる

美容は時として人の人生さえ変えることができます。
そんな美容の素晴らしさを１人でも多くの人に伝えたいと思うようになり美容の仕事に携わることになりました。

整形についてはー意見が分かれるところですが、僕は断然整形肯定派。

自分も元々二重だったのだが二重幅を広げる埋没法をしてるし、顎下とお腹の脂肪吸引／糸リフトなども施術している。

整形っていうのは美意識を高くもつ自己投資の一つだし、整形して仕事がうまくいきだした人や人生変わったひとをたくさん見てきました。

それって単純に顔が可愛くなったからというだけでなく、自分のことを「可愛い！」「綺麗」と褒められて自信がついたからってのもあると思う。

整形することで自分に自信がついて自己肯定感高く生きていけるなら僕は背中を押してあげたい。

ポジティブにどうやったらなれますか？

との問いに〝美容治療で美しくなり自己肯定感を高めること〟も正解の一つだと思う。

美容を通じてポジティブになってくれる人が
多くうまれるように美容業界ももっと盛り上げていきたい。

好きな人に言われる
〝可愛い〟の一言は
どんなエステや美容液よりも
効果がある

ポジティブな言葉は
しっかり伝えよう！

若い時に自己投資でなく貯金に走ると
そのお金はいずれなくなる

ブラジルを旅して得た知見

自分は毎月1カ国海外に行くことをノルマとしている。

世界一の富豪一族ロックフェラーも移動距離を伸ばすを教訓にしている。旅をすれば世界観が広がり、価値観が磨かれるからだ。

日本はVISAなしで入国できる国が最多（5年連続）の世界最強のパスポートを持つにも関わらず日本のパスポート保持率は先進国で最低の20％をきっている。海外に行くだけで80％の人に差別化を図れるのは事実で、海外旅は立派な自己投資になるのだ。

今年のGWは、ブラジル／アルゼンチン／ペルーを旅した。

ブラジルとアルゼンチンでは、世界遺産でもあるイグアスの滝のパワースポットを肌で感じ、ペルーに入国しアマゾン川をくだりジャングルの奥地にある宿に宿泊した。

お湯も浴槽も電波のない宿であるのは無数の動物の鳴き声のみ。

朝起きれば猿と朝食を食べ、昼はアナコンダやナマケモノと戯れ幻のピンクイルカを追い求め夜はアリゲーターを探しに行く。翌日はマチュピチュに向かい高山病にかかりそうにながら遺跡を堪能した。


ラグジュアリーな旅をしてるイメージをもたれてるかもしれないが、自分はまだ見ぬ景色を肌で感じるのが旅醍醐味のだ。

SNSで溢れてるハワイのロイヤルハワイアン、パリのエッフェル塔などにはあまり興味はなくてケニアでマサイ族の結婚式に参加したり世界一危険と言われるスラム街で支援活動する旅の方がワクワクする。


今回の旅の最後の目的地がペルーの崖ホテルだった。

出張も多く年間300日以上ホテル生活をしている自分はホテルへの拘りを重視しており、このホテルに宿泊する為に旅することも多々ある。世界各国のホテルの世界観やホスピタリティを肌で感じることで内装のデザインに活かされたり接客の参考になったりも多々ある。

ビジネスってビジネスからだけでは学べない。旅やアートや音楽など別の分野からセンスを磨くことも大切だ。

崖ホテルは断崖絶壁の崖の上に張りついたホテルで、世界のインスタグラマーがこぞって訪れている名所だ。部屋のジャグジーに座り全面透明な窓ガラスを通じた崖からの絶景がインスタ映えなのだ。

自分のイメージでは、山頂まで車で登り崖を降りてチェックインすると思っていた。ところが到着したのは崖の麓で目の前には垂直に切り立つ崖。遥か頭上に遠くながらポツンとカプセル型の崖ホテルが見えた。ホテルの人が言った。

「Be careful!　Let's go!!」

はにゃ⁉

なんと、まさかのチェックイン方法がロッククライミングだった。

断崖絶壁の崖をカラビナをかけて登っていく。

腕の握力も脚の感覚もだんだんなくなってきて、世界のインスタグラマーはこんなに身体を張っていたのかと尊敬しながら日が暮れるまで1時間半登り続けた。

真っ暗の暗闇を、頭に付けたヘルメットのライトの灯りだけを頼りに登っていく。命綱はあるものの命綱の役割を果たしてくれるのかさえわからず、一歩踏み外したら落ちるのではないかという恐怖と隣り合わせで『高ければ高い風の方が登った時気持ちいもんな』というミスチル桜井さんの言葉を信じ、今までの旅で1番過酷なチェックインが完了した。

理想のインスタ映え写真を求め部屋に入り辿り着いた景色はなんと便器とベッドのみ。ジャングルで慣れてはいたが、電気もお風呂も水道さえなかった。完全にインスタ萎えの景色だった。
ホテルの店員にジャグジーの写真を見せ、この写真を撮りに来たんだけどジャグジーはどこ?と伝えると
「なにゆーとんねん、それ違うホテルやで」と。

はにゃ!?
なんとまさかの旅行会社がミスして別の崖ホテルを予約していたのだ。

なんやねん！この旅行会社!!って怒ったのか!?
ポジティブ足りない

こんな過酷なロッククライミングが事前にあると分かってたら予約してなかったと思うし、貴重な経験ができてよかったのだ。ただただ笑いながら疲労と共に畳のように硬いベッドで爆睡した。

物の喜びは次第になくなるが、経験の喜びはずっと残る。
このエピソードは、いくらお金を使っても買えない生涯の思い出だ。
貯金で経験は買えない。お金なんて使わなければただの紙。
学校で黒板見てるよりお金使ってる時の方が勉強になる。

さぁ世界を旅しよう。

Ps 翌日旅行会社が至急手配をしてくれて、本来の目的地だったジャグジー付きの崖ホテルに向かった。ホテルまでの断崖絶壁の崖は車で登り部屋へのチェックインは5分で完了した。

部屋にはジャグジーどころか冷蔵庫もドライヤーもコンセントにふかふかのベッドもあり同じ崖ホテルとは思えないラグジュアリーさだった。だけど、どっちが楽しかったと言えば完全に死に物狂いのロッククライミングだった。

旅と人生は似ている。安全や安定な道は時として刺激がなくつまらなくなってくる。

白と黒の決められた横断歩道を歩くより、僕はこれからも探していくと思う。

楽じゃないけど楽しい道を。（19歌詞参照）

皆はどっちの道を選ぶ？

どうでもいい人といく
ジャグジーより
俺といく便器

高ければ高い壁の方が
登った時気持ちいいもんな

ポジティブな人ってのは
動物に好かれるのさ

終わりに

6月28日自分の35歳の誕生日。
記念すべき節目の日に、本著書の出版決定を発表した。
そしてその日の早朝に祖父が天国へと旅立った。

祖父は14年前に脳梗塞を患い、懸命の祖母の介護によってなんとか生きながらえていた。

要介護5。祖父は会うたびに小さくなっていったが、寝たきりになっても自分の活動は応援してくれ、横綱白鵬さんの断髪式に出たことなどとても喜んでくれていたそう。

今年のお正月にはにこやかに迎えてくれていたのだが、誕生日の1週間前、祖父が危篤状態だと母の震える声で知らせがあった。なんとか時間を作り岡山県津山市に駆けつけた。

10分だけの面会を許され顔を見ることができた。手も握ることはできたものの、以前のような威厳も優しさも肌の温もりも感じることもなく、おじいちゃんと呼びかけても自分のことすら記憶は無くなっていた。

そして6月28日、この日を待っていたかのように苦しむことなく命を引き取ったと母親から連絡が届いた。

人生の最後の日を365日の中から自分の誕生日当日に合わせてくるなんて、きっと「おめでとう」を伝えるまで頑張ってくれたんだろう。

小さい頃からおばあちゃん子だった自分は、頻繁に祖父母の家に預けられていた。初孫ということもあり祖父にも無条件の愛を注いでもらっていた。

一緒に畑を耕したり好きなトマトを育てたり、山登りに川遊びと田舎でしかできない経験を沢山させてもらった。

また、祖父は本を読むのが好きで、書斎には沢山の本が並んでいた。

母は童話作家を夢見て執筆活動をしていた時期があり、祖父は母親の出版を特に楽しみしていた。が。その夢は実ることなく、時を経て3年前に自分が初の書籍を出版することが決まると、そんな経緯もあり孫の出版を心底喜んでくれ、仏壇に飾ってくれていた。

祖父はすでに文字を読む力を失っていたので。表紙を眺めてほしい、と頬を緩めることしかできなかった。

告別式で最後のお別れの時、棺桶に2冊の出版本にメッセージを入れさせてもらった。きっと天国ではゆっくり読んでもらえるはず。

おじいちゃん、たくさんの愛をありがとうな！　この本も必ず届けるからね！

人生の最後のチャイムはいつ鳴るかは誰にもわからないし、必ず誰もにその日は来る。

だからこそ、生きたいように生きよう。

その瞬間瞬間、もがいて苦しんでも、生きてさえいればそれはそれでなんとかなっていくもの。

人生オワッタってほどの経験をたくさんしてきた自分だからこそ、今こうして笑顔で自信を持ってみんなに伝えたい。生きてるだけでみんな偉いから、

そんなに思い詰めないで！
Take it easy!!!!!

人って死ぬときにやったことよりも、やらなかったことを後悔するらしい。

老後のためとか言ってなんでも我慢する人生こそ、すでに老後の人生だとおもふ。

脳って、自分自身が浴びる言葉をそのまんま現実化させるもの。

自分で「自信がない」とか「自分なんかが…」とか「ポジティブじゃないから」とか言っちゃうと自分でどんどん可能性を潰していく。

本来、人間の可能性は無限大なのに。
生きる意味も見つからなかった自分でも、今可能性で溢れる日々を送れてるんだから。
みんなも絶対大丈夫！

これからも、ＳＮＳや書籍を通じてみんなの可能性を広げていけるような発信をしていきたいと思う。
ポジティブな発信で、皆が自分の可能性を潰さないように、そして自分の可能性は無限大であるということを思い出してほしい。

～ポジティブがあなたの人生を
そしてあなたの世界を変える～

ここに約束します。

最後まで読んでくれてありがとうございました。

この本を読むことで多少なりとも皆の気持ちがポジティブになってくれたらこの上なく嬉しいです。

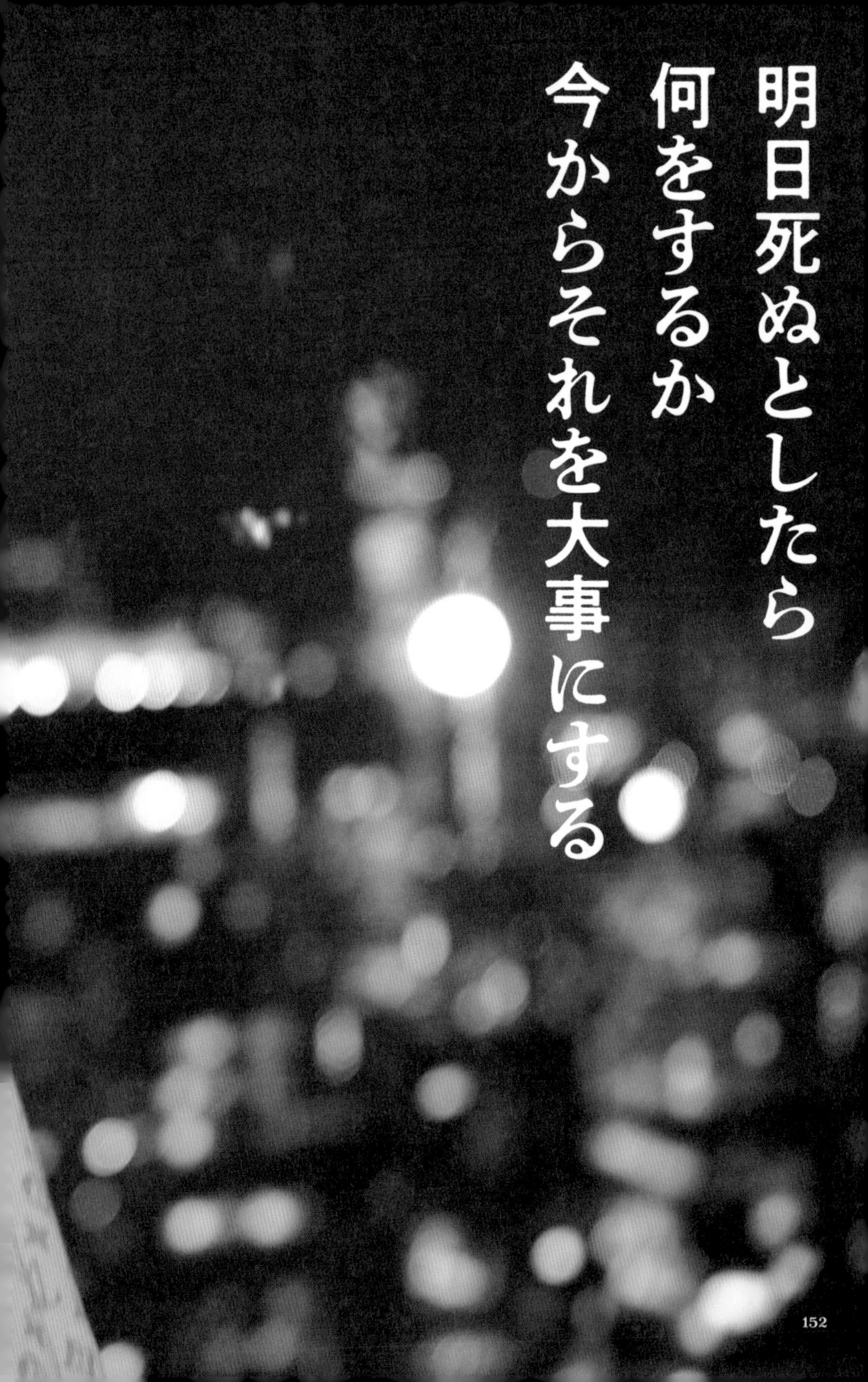

明日死ぬとしたら
何をするか
今からそれを大事にする

～ポジティブ３行日記～

１日の印象は寝る前で決まる

楽しかった出来事を思い出して眠れば
最高の１日が記憶され最高の朝が始まるんよ

だから１日３つ
今日楽しかったことを
思い出して寝て欲しい

そうすれば必ず明日も楽しい朝が待ってます

ポジティブ足りてる?